bijou

中川清美の
アクセサリーノート

Galerie de mode

目次

cover
photograph:
Yasutomo Ebisu
hair & makeup:
Katsuya Kamo（mod's hair）
model:
Constantin Bruns
styling:
Kiyomi Nakagawa

はじめに

私のアクセサリー作家としての始まりは、15歳のころ目にした「COMME des GARÇONS」との出会いにあります。パリ・コレクションで鮮烈なデビューを飾り、新しいファッションの歴史を築いたデザイナー川久保玲さんの世界にあこがれ、私のモードへの扉が開かれました。それから数年後に、文化服装学院で洋服の基本的なことを学び、モードの奥深さを知るようになります。当時、洋服を作ることだけに満足できない私を刺激する、もう一つの大きな出会いがありました。文化服装学院の講師を務める坂本千尋さんとの出会い。彼女に導かれ、一心不乱にアクセサリー作りを始めました。

最初は、針金や紙、ボタンなど本当に身近にある素材から始め、その後樹脂を使った

アクセサリーを作りはじめます。樹脂の持つ様々な可能性と広がりに魅せられて、気づいたら20年ずっと作り続けていました。

同じことをずっと繰り返し続けているので、不思議に思う方もいらっしゃることでしょう。この本では、ほんの一部になりますが、今までの作品と作り方をお伝えしたいと思います。簡単に作れるものばかりなので、イラストや雑誌の切抜きなど身近にあるものを素材に、ぜひ皆さんも始めてみてください。時代が移り変わってもすてきだと思える、オリジナルのアクセサリーができるはずです。

物を作ることの楽しさや魅力が皆さんに届くことを願って。

Kiyomi Nakagawa

Material: モードの歴史に関しては、やっぱりパリだと思うから、年に一度は決まってパリを訪ねます。その瞬間にしかない出会いや発見を楽しみに、蚤の市を巡るのが私のパリでの日課。ビーズやスパングルなど、パリで見つけた素材を使って、私の物作りが始まります。「何を作ろうか?」素材ありきで私のデザインは生まれています。

新聞紙に包まれたけし玉のビーズの数々。
とても小さくて繊細なものを、一粒一粒敷き詰めて刺したときのけし玉の存在感がなんともいえず好き。

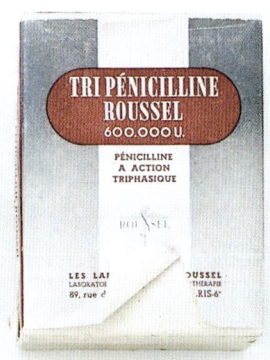

TRI PÉNICILLINE
ROUSSEL
600.000 U.

PÉNICILLINE
A ACTION
TRIPHASIQUE

LEFRANC ⁂ PARIS

Maison fondée en 1778

COULEURS MOITES

POUR L'AQUARELLE

LABORATOIRES CLIN
SPARTO-CAMPHRE
CAMPHO SULFONATES
DE SPARTÉINE ET DE DIÉTHYLAMINOÉTHANOL
EN SOLUTION AQUEUSE
10 AMPOULES DE 2 CENT. CUB.
COMAR & C PH.

LUMIÈRE

64×90

LUGDA   100

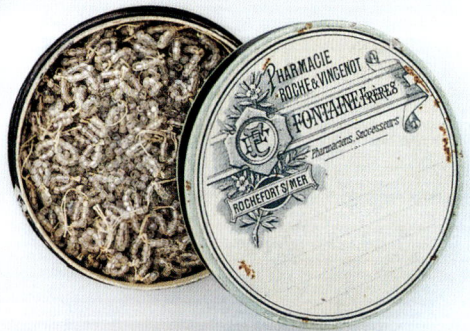

PHARMACIE
ROCHE & VINGENOT
FONTAINE Frères
Pharmaciens Successeurs
ROCHEFORT S/MER

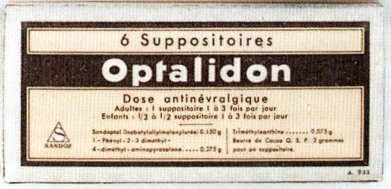

6 Suppositoires
Optalidon
Dose antinévralgique

何を作るでもなく、そのパッケージの豊かなデザイン性にひかれて、
いつからか集めはじめたボックスたち。色や文字づかいなど創作の意欲をかきたてられます。

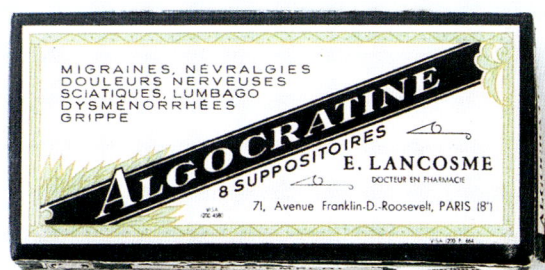

MIGRAINES, NÉVRALGIES
DOULEURS NERVEUSES
SCIATIQUES, LUMBAGO
DYSMÉNORRHÉES
GRIPPE

ALGOCRATINE

8 SUPPOSITOIRES

E. LANCOSME
DOCTEUR EN PHARMACIE

71, Avenue Franklin-D.-Roosevelt, PARIS (8ᵉ)

CAOUTCHOUC GRIS

Fil Araignée 1

RADIUM   G.G. 2226

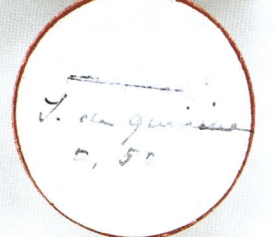

MELLERIO dits MELLER FRÈRES

package

BROMO-QUININE LAXATIVE

Contre la
Grippe   **LBQ**   et les
                                Rhumes

PRIX FR. 1.25

PARIS MÉDECINE COMPANY
PARIS.   ST-LOUIS.   LONDRES.

FABRICATION
FRANÇAISE
BOHIN

bead

色や素材、大きさまでも
様々なビーズ。
一連になったときの
塊にひかれて。

lace

黄ばんで退色したレースにひかれます。
長い時間をかけていろいろな人の手を渡り歩いたような。
新しいレースを目にすると、たくさんの太陽と風にかざして、
黄色くなるのを待ちます。

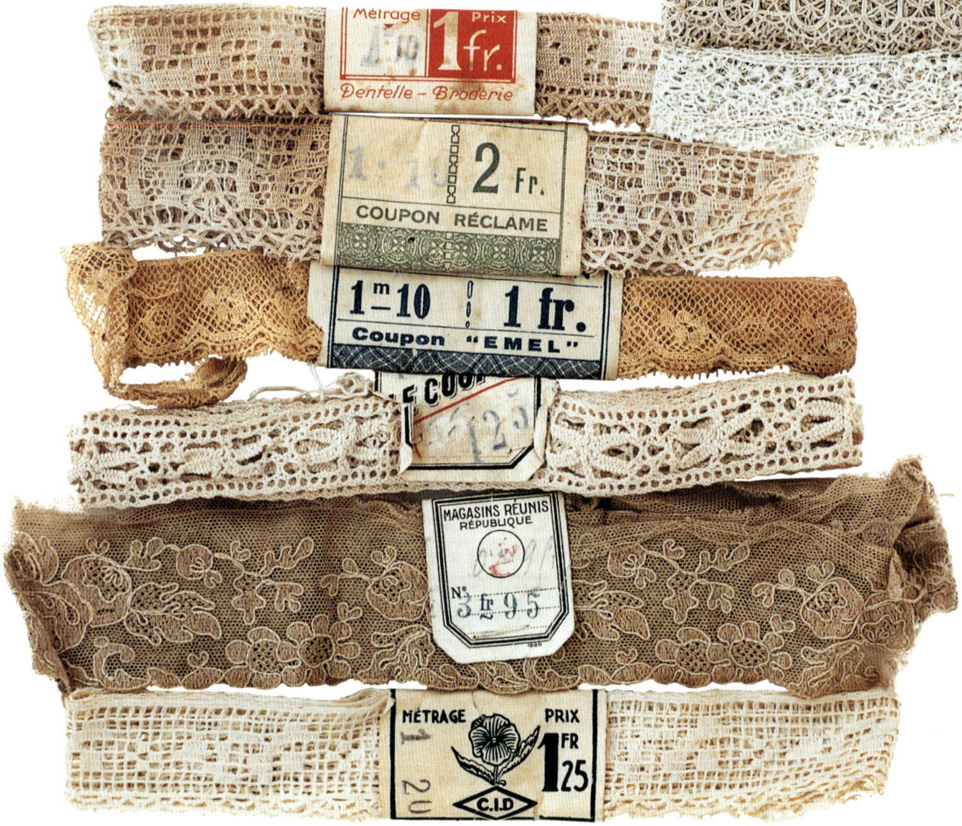

pink

数限りなく存在する色の中でも、淡くはかないピンクが好き。
この少し崩れた甘い色や世界がたまらなくいちばん好き。何年たっても変わらない。

Collage: 樹脂は、簡単に作れるアクセサリー素材の一つです。それだけに、分量は厳密に、正確な数値で使用するのが最大のポイント。紙や切手など身近にあるものを包むことで、一瞬にして別のものへと早変り、見え方も印象も違うものに仕上がります。少し視点を変えることでデザインに広がりが生まれます。

m&m's

雑誌『装苑』（文化出版局）の企画でチョコレートをテーマに作ったアクセサリー。
パッケージのおもしろさを再発見するきっかけに。

『装苑』の連載企画「シネマ・コラージュ」で
描いてきたイラストを樹脂でコーティング。
ペンダントトップにも、またつなげて
ネックレスにも使える作品です。
子どものころに描いた絵や
友人からの手紙をコーティングしてみては？

FASHION

MIKE KELLY

FASHION

framboise

compass plane

Les Enfans D

material

chapter 3: CUTE

collage De cinéma

calendar

文字や数字のおもしろさ
にひかれて。
お気に入りのカレンダーや
好きな雑誌を切り抜いて
アクセサリーに。

spangle

スパングルと雑誌の切抜きを
使ったアクセサリー。
自由な発想で
身近にある様々な素材を
包んでみては。

文字の存在感にひかれて
作ったリング。
雑誌から好きな文字を
カラーコピーして
リングのヘッドに。

25

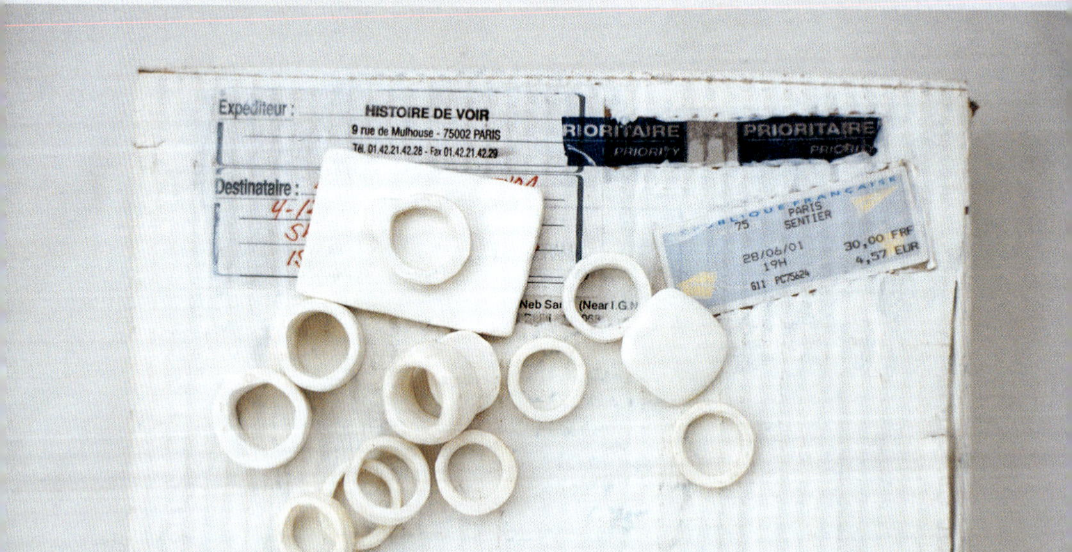

variation

でき上がったアクセサリーは、ジェッソを塗った箱に。
一つの作り方で、こんなにいろいろなデザインが生まれます。

PERFUME

stamp1

ミニチュアの香水瓶で型をとって作ったペンダントトップ。デンマークの切手を使って。
お気に入りの香水瓶を見つけて64ページの作り方を応用してみてください。

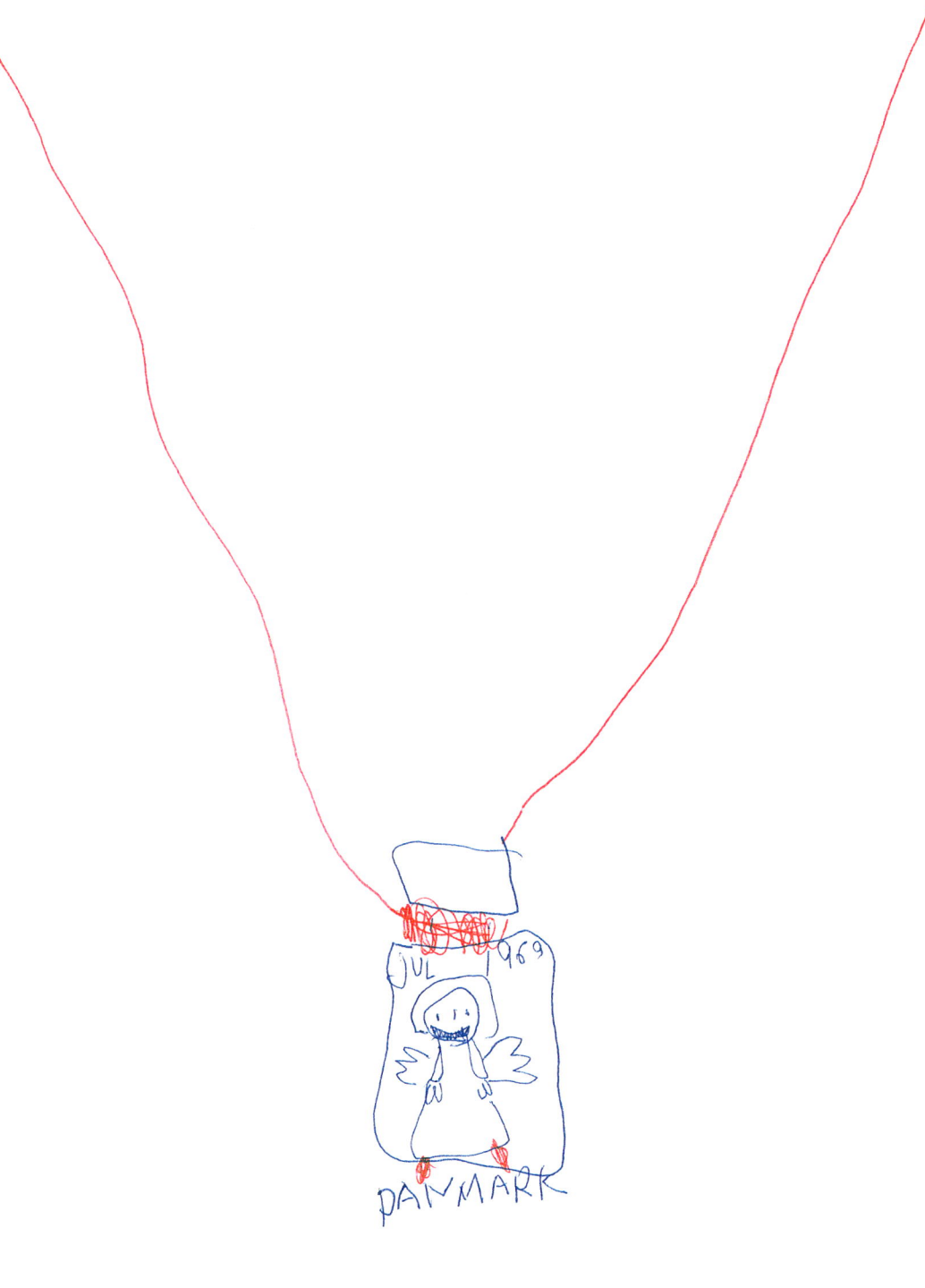

stamp2

イラストレーターの
山本祐布子さんから
譲っていただいた切手の数々。
いつかこれでアクセサリーを
作ろうとコレクションしているもの。
旅先の思い出など
心の記憶を包みます。

樹脂で作った指輪の数々。好きな文字やビーズ、スパングルなどをコーティング。

coating

**candy color
accessories**

イラストレーターの仕事も
している私は、
色や形への強いこだわりがあります。
キャンディをイメージして
作ったモールやレースの
ネックレスたち。

35

American Flower

American Flower: アメリカンフラワーも樹脂の一種で、透明のものから有彩色のものまで約30種類。好みに合わせて、配色を考えたり、上からマニキュアをコーティングしたり、使い方も様々。針金と薄い膜からなる限られた世界に、ビーズやスパングルを加えることで、華やかにもシックにも変化することに興味をひかれます。私の作るアクセサリーは、上手か下手か、技術があるかないかではなく、アイディアが大切。

tiara

ヘッドドレスとしてもネックレスとしても使えるアクセサリー。
曖昧な美しさにひかれて、様々なアイテムを製作しています。

broach

絵を描くように色や素材を重ねて
作るアメリカンフラワーのアクセサリー。
私の定番のアクセサリーです。
一見どれも同じものに見えますが、
立体感のあるものと
ぺたんこにつぶした平面のものと
形は2種類あります。

Embroidery:「永遠」にずっと変わらず好きな世界があります。時代が流れても好きなものが変わることはありません。好きな洋服を繰り返し着て、味が出るのを楽しんでいます。着古したＴシャツやジャケットなどの大切な洋服に、アンティークレースやビーズを刺して、また新しいデザインへとよみがえらせてモードを楽しむのが、私流のおしゃれ。

re-mode

衿もとや前端部分に直線縫いでビーズやスパングルを縫いとめます。
なんでもないデザインのTシャツやジャケットも、
ひと手間加えることで新たなデザインに生まれ変わります。

alphabet pendant

▶作り方5

Laboratory

photographs：Yasutomo Ebisu
hair & makeup：Katsuya Kamo（mod's hair）
models：Constantin Bruns，Elena z
styling：Kiyomi Nakagawa

american flower

▶作り方1

Necklace

american flower

▶作り方1

Necklace

pendant

▶作り方4

necklace

創造性の豊かさと完成度の高さにいつも刺激を受ける二人のアーティスト、
ヘアメークアップアーティストの加茂克也さんとフォトグラファーの戎康友さんに、
私の世界を表現していただきました。
創造することにおいて、自分一人では考えつかないような意外な発見や喜びがあり、
仕事に対するお二人の真摯な姿勢に、また一つ創造することの楽しさを学びました。
このような出会いの積重ねが、私の物作りを支えてくれています。

ring

▶ 作り方3

Let's Make! Do Myself

イラストレーターでもある著者の
イラストを使って
アクセサリーを作ってみて。

pendant

ペンダントトップは、
革ひもやレース、麻ひも、
リボンなど、その日の洋服に
合わせてひもをチェンジしてみて。
子どものペンダントとしても
楽しんでみてください。

▶ 作り方4

complete

necklace

アルミフォイルを使って
簡単にネックレスができます。
身近にあるものを工夫して
アクセサリーを作ってみては。

▶作り方2

このページをカラーコピーして
点線に沿って切り抜き、
アクセサリーを作ってみてください。
応用として子どもが描いた絵などを使って、
慣れてきたら自分だけのオリジナルの
アクセサリーを作ってみるのもおすすめです。

Recipe

作り方をお伝えする前に、
材料と道具の紹介を。

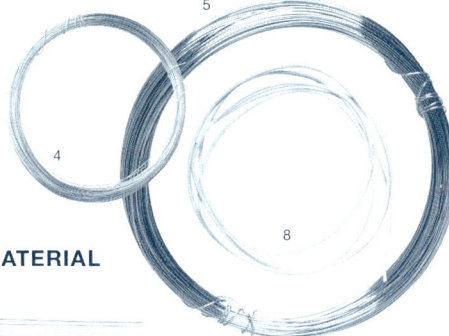

MATERIAL

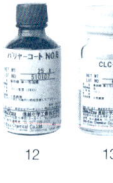
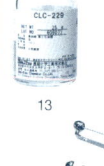
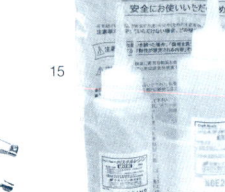

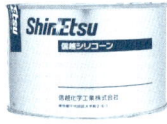
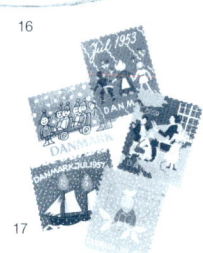

【材料】

1. 接着剤
（Scotch 多用途用）住友スリーエム
2. 木工用ボンド
（木工用ボンド/50g）コニシ
3. アメリカンフラワー
（トア ディップ）トウベ
4,5. シルバーとゴールドの
針金0.28mm（30番）八幡ねじ

6. ねじ（ヒートン1.1cm）貴和製作所
7. 丸かん（直径6mm）八幡ねじ
8. 革ひも（1mm）
9. 紙粘土（シルキークレイ）しがらき
10. 6.7×5cmのSの木製型
東急ハンズ
11. ジェッソ（リキテックス ジェッソ）
バニーコルアート
12. バリアコート（バリヤーコート NO.6）
信越化学工業
13. シリコン（硬化剤：CLC-229）
信越化学工業
14. ブローチピン（2.5cm）東急ハンズ

15. エポキシ樹脂
（クリスタルレジン主材＋硬化剤＋
スプーン2本＋へら＋
ビニールカップのセット）日新レジン
16. シリコン（主剤：信越シリコーン
KE14）信越化学工業
17. 切手
18. 600番、1000番の紙やすり
三共理化学
19. アルミフォイル
20. 両面テープ（再生紙両面テープ
ナイスタック 5mm×20m/2巻入り）
ニチバン
21. カラーコピー
22. スパングル、ビーズ
（平丸6mm、四角5mm）TOHO

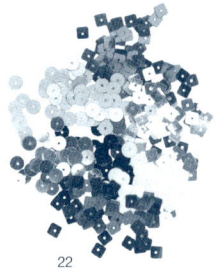

58

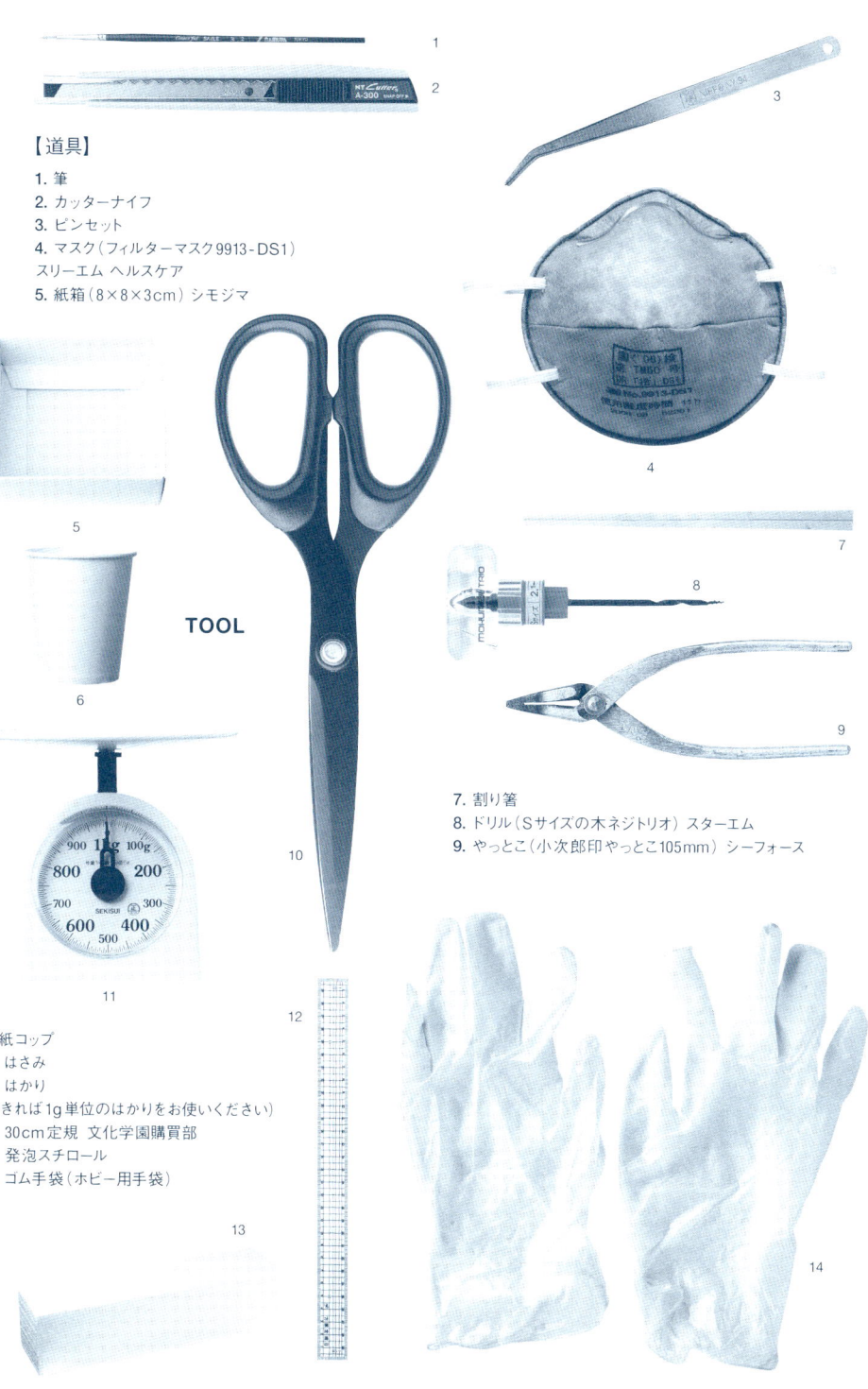

【道具】

1. 筆
2. カッターナイフ
3. ピンセット
4. マスク（フィルターマスク9913-DS1）
スリーエム ヘルスケア
5. 紙箱（8×8×3cm）シモジマ

TOOL

7. 割り箸
8. ドリル（Sサイズの木ネジトリオ）スターエム
9. やっとこ（小次郎印やっとこ105mm）シーフォース

6. 紙コップ
10. はさみ
11. はかり
（できれば1g単位のはかりをお使いください）
12. 30cm定規 文化学園購買部
13. 発泡スチロール
14. ゴム手袋（ホビー用手袋）

AMERICAN FLOWER

用意する材料と道具

材料：	道具：
アメリカンフラワー	はさみ
針金	発泡スチロール
ブローチピン	ピンセット
接着剤	
ビーズやスパングル	

American Flower

wire

1 0.28mmの針金（30番）を
12～15cmくらいを目安に
10～15本カットします。

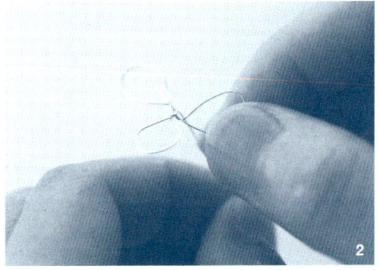

2 茎になる部分を残して、
針金を小指のつめくらいの
大きさに丸めて
花びらの形を作ります。

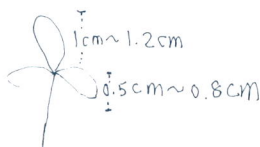

1cm～1.2cm

0.5cm～0.8cm

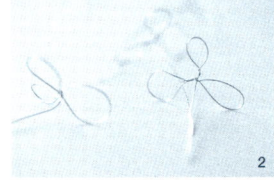

3 針金の花びらを
アメリカンフラワー液につけて
膜が張られているのを確認しながら
ゆっくりと引き出します。

4 発泡スチロールにさして乾燥させます。
季節によって異なりますが、
おおよそ 15〜30 分くらいで乾燥します。

Styrene foam

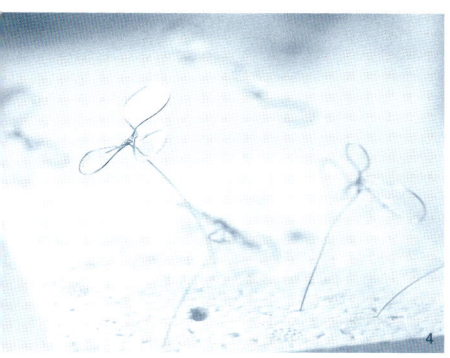

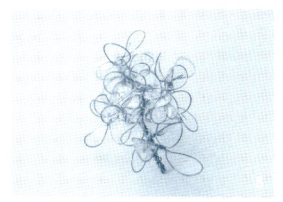

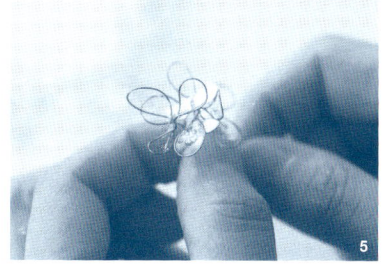

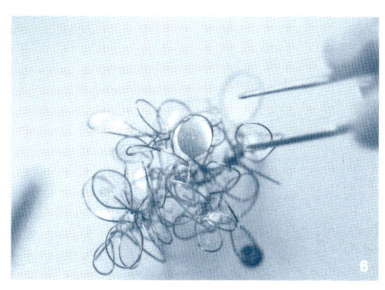

5 乾燥した花びらを 1 本ずつ
ねじってつないでいき、
コサージュの形にまとめます。

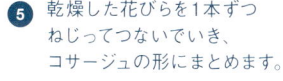

6 スパングルやビーズに接着剤をつけ、
5 のアメリカンフラワーにつけて乾燥させます。
仕上げに全体の表面に透明の
マニキュアを塗って乾燥させるのもおすすめです。
こうすることによって
膜の強度が強くなります。

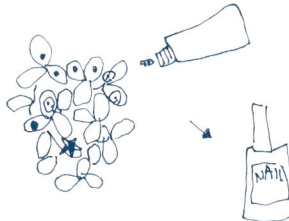

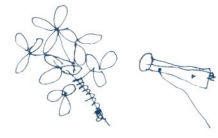

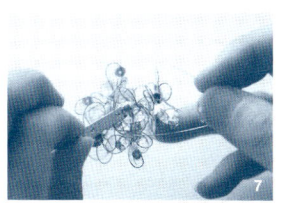

7 裏面に針金をねじって
ブローチピンをつけ、
接着剤で固定すれば完成。

▶ 作り方2

NECKLACE

用意する材料と道具

材料：	道具：
カラーコピー	はさみ、定規
アルミフォイル	はかり
木工用ボンド	マスク、ゴム手袋
エポキシ樹脂	割り箸、ドリル
丸かん	やっとこ
	紙コップ

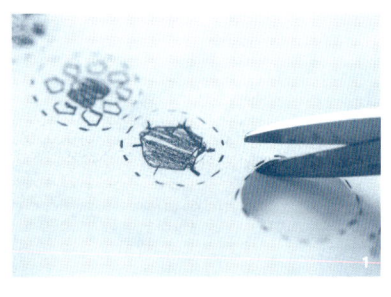

Necklace

1 56、57ページを原寸でコピーし、
花形のモチーフを点線に沿って
はさみでカットします。

2 モチーフの土台になるアルミフォイルを
3×3cmの正方形に33枚カットします。

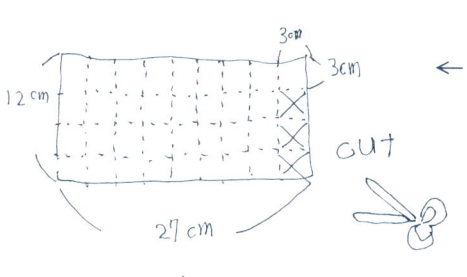

cut

3 アルミフォイルの上に
モチーフを1枚ずつ並べます。
モチーフが動かないように
裏面に少しボンドをつけて
はってください。

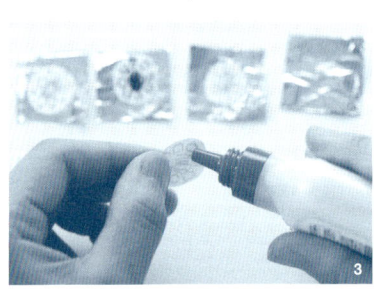

4 エポキシ樹脂（主剤と硬化剤、
2対1の割合で10gと5g）をはかって
紙コップに入れ、割り箸でよく攪拌します。
分量を間違えると硬化しない原因の
一つになりますので、必ず正確にはかりましょう！
作業は換気をよくしてゴム手袋と
防塵マスクをつけて行なってください。

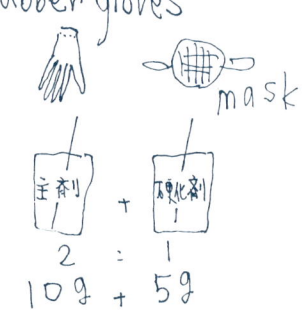

rubber gloves

mask

scales
g

主剤 + 硬化剤

2 : 1

10g + 5g

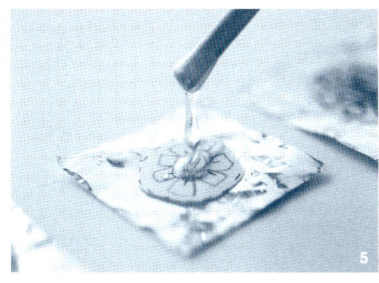  

⑤ 混合したエポキシ樹脂を割り箸を使って
アルミフォイルの上に少しずつたらします。

⑥ 平らで換気のいい場所に置いて
12〜24時間硬化を待ちます
（硬化時間は気温によって異なります）。

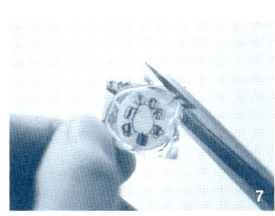 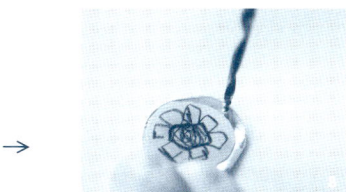

⑦ エポキシ樹脂が硬化したら、
アルミフォイルの余分なところは
はさみでカットします。

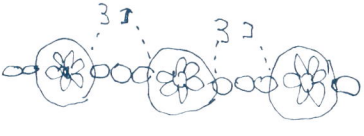

⑧ でき上がったパーツに
手動ドリルを使って穴をあけ、
直径6mmの丸かんで
それぞれのパーツをつなげます。

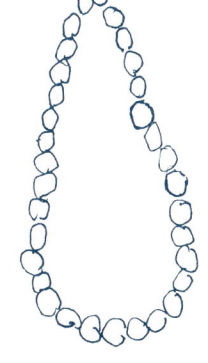

⑨ すべてのパーツを
つなげて完成。

RING

Ring

用意する材料と道具

材料:	道具:
紙粘土、切手	はかり
紙やすり、ジェッソ	カッター
バリアコート	筆、割り箸
シリコン（主剤、硬化剤）	紙箱、定規
エポキシ樹脂	ゴム手袋、マスク
両面テープ、接着剤	紙コップ

1 紙粘土で指輪の台とリングを作製。
台は使用する切手より
少し大きめに形作ります。
紙粘土は種類によって収縮率が
違いますので、リングも
自分のサイズより少しゆるめに。

↓

2 粘土が乾燥したら
紙やすりで形を整えます。
600番くらいの粗い
紙やすりで整えた後、
仕上げは1000番くらいの
細かい紙やすりを使用します。

paper clay

paper clay

sandpaper
N° 600～1000

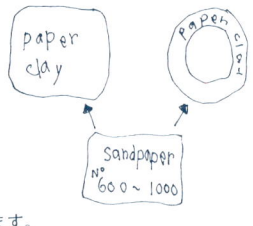

3 紙粘土の表面を整えるため、
ジェッソ（白地の地塗り剤）を
全体に塗ります。ジェッソは
乾燥すると耐水性なので、
使用した筆はすぐに
水洗いをしてください。

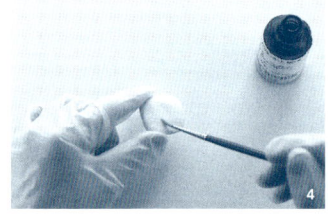

both tape

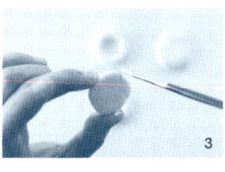

4 紙粘土はきれいに型どりするために
バリアコート（離型剤）を全体に薄くむらなく塗ります。
バリアコートは石油系の液体なので、
使用した筆はシンナーで洗浄してください。
作業はゴム手袋を使用すると
直接手につくのを防ぐことができます。

→

5 紙粘土を箱に固定させるために、
紙粘土の裏（底）面
全体に両面テープをはります。

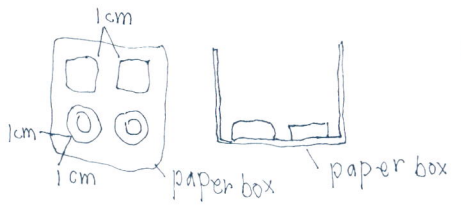

1cm

1cm

1cm

paper box   paper box

6 次に紙箱を用意します。箱のサイズは、
8×8×3cmほどの大きさで、
少し厚みのあるものを選ぶと、形くずれが防げます。
箱の底辺、端から1cmにくる位置に
5で用意した紙粘土を接着します。

↓

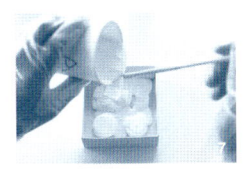

7 シリコン（主剤100gと硬化剤5g）を
正確にはかり、紙コップに流し入れます。
割り箸を使ってしっかりと攪拌し、
よく混ざり合ったところで紙箱の中に注入します。
気温によって異なりますが、
平らな場所に置いて12時間くらい硬化するのを待ちます。
作業は換気をよくしてゴム手袋と防塵マスクをつけて行なってください。

↙

 → 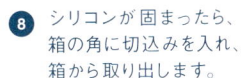 →

10 エポキシ樹脂（主剤と硬化剤、
2対1の割合で10gと5g）を
はかって紙コップに入れ、
割り箸でよく攪拌します。

8 シリコンが固まったら、
箱の角に切込みを入れ、
箱から取り出します。

9 シリコンから紙粘土を取り出し、
その後1時間くらい
シリコンの表面を空気に
触れさせて乾燥させます。

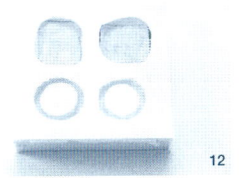 ←

↙

12 平らで換気のいい場所に置いて
12〜24時間硬化を待ちます
（硬化時間は気温によって異なります）。

11 9の型の底に切手を敷いて、
攪拌したエポキシ樹脂を注入します。
作業は換気をよくしてゴム手袋と
防塵マスクをつけて行なってください。

↓

 →

15 台とリングを
合成樹脂の透明な
接着剤でつなげて完成。

↘

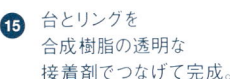

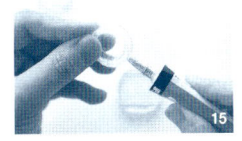

13 エポキシ樹脂が
硬化したらシリコン型
から取り出します。

14 樹脂のはみ出した箇所を、
カッターなどで
切り落とし、形を整えます。

▶ 作り方4

PENDANT

用意する材料と道具

材料：
カラーコピー
紙粘土
木工用ボンド
エポキシ樹脂
針金、革ひも

道具：
はさみ、はかり
マスク
ゴム手袋
割り箸
紙コップ
やっとこ

❶ 56、57ページを原寸でコピーし、
モチーフになるイラストを
点線に沿ってはさみでカットしておきます。

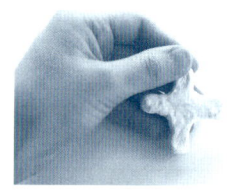

←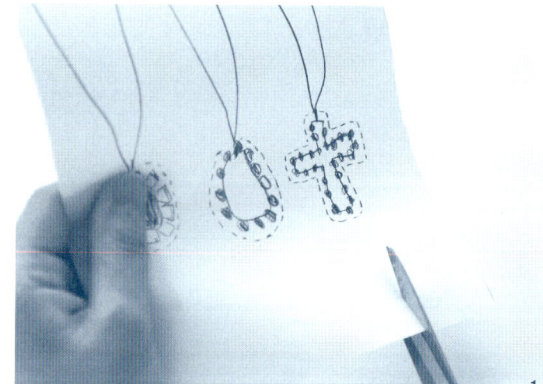

❷ モチーフよりも
少し大きめに、
紙粘土を形作ります。

↘

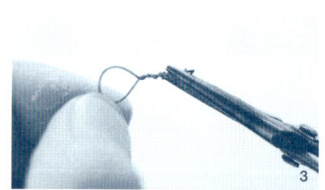

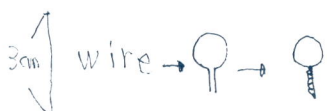

❸ 針金約3cmを丸めて下のほうをひねり、
金具を形成して、2の紙粘土につけます。

 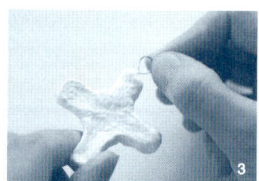   

④ 紙粘土の上に、1のモチーフを置きます。
この時、モチーフがずれないように
裏面に少しボンドをつけておきます。

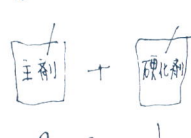

rubber gloves

mask

主剤 ＋ 硬化剤

2 ＝ 1

10g ＋ 5g

⑤ エポキシ樹脂（主剤と硬化剤、
2対1の割合で10gと5g）をはかって
紙コップに入れ、割り箸でよく攪拌します。

⑥ エポキシ樹脂が紙粘土の上から
こぼれないように割り箸を使って
少しずつたらしていきます。
作業は換気をよくして
平らで換気のいい場所に置いて
12〜24時間硬化を待ちます
（硬化時間は気温によって異なります）。

Resin

⑦ エポキシ樹脂が
硬化したら、
首にかける
リボンや革ひもを
つけて完成。

ALPHABET PENDANT

用意する材料と道具

材料：	道具：
カラーコピー	はさみ、定規
木製のアルファベット木型	はかり
バリアコート	マスク
シリコン（主剤、硬化剤）	ゴム手袋
エポキシ樹脂	割り箸
両面テープ	紙コップ
ねじ、革ひも	筆
	紙箱

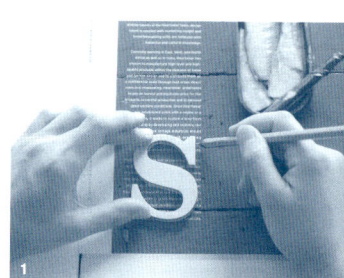

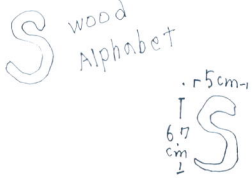

❶ 市販されている木製のアルファベット文字を
原型として使用します。初めに、
雑誌のカラーコピーや色紙など好みのものを使い、
木製の型に合わせて切り抜いた
アルファベット文字の紙を準備しておきます。

❷ きれいに型どりするために、バリアコート（離型剤）を
木製のアルファベット文字全体に薄くむらなく塗ります。
バリアコートは石油系の液体なので
使用した筆はシンナーで洗浄してください。
作業はゴム手袋を使用すると
直接手につくのを防ぐことができます。

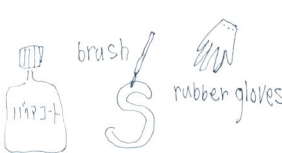

↓

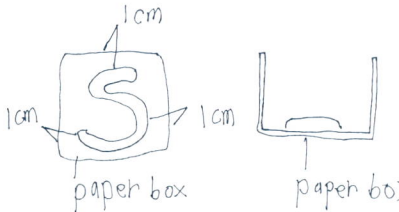

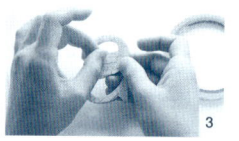

❸ 型を箱に固定させるために、
アルファベット文字の型の裏（底）
面全体に両面テープをはります。

❹ 型を入れる紙箱は、両面テープが接着する
表面素材で、内側がコーティング加工されていない
ものを使用してください。箱のサイズは、
8×8×3cmの大きさで、
少し厚みのあるものを選ぶと形くずれが防げます。
箱の底辺、端から1cmにくる位置に3で用意した
アルファベット文字を接着します。

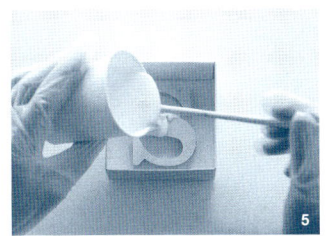

⑤ シリコン（主剤100gと硬化剤5g）を正確にはかり、
紙コップに流し入れます。割り箸を使って
しっかりと撹拌し、よく
混ざり合ったところで紙箱の中に注入します。
気温によって異なりますが、平らな場所に置いて
12時間くらい硬化するのを待ちます。
作業は換気をよくしてゴム手袋と
防塵マスクをつけて行なってください。

⑥ シリコンが固まったら、
箱の角に切込みを入れ、
箱から取り出します。

⑦ シリコンからアルファベット文字を取り出し、
その後1時間くらいシリコンの表面を
空気に触れさせて乾燥させます。

⑧ 初めに切り抜いておいた
文字の紙をシリコンの中に敷きます。

⑨ エポキシ樹脂（主剤と硬化剤、
2対1の割合で10gと5g）をはかって
紙コップに入れ、よく撹拌します。
作業は換気をよくしてゴム手袋と
防塵マスクをつけて行なってください。

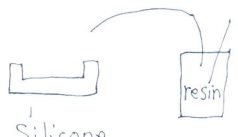

⑩ エポキシ樹脂をシリコンに注入し、
平らで換気のいい場所に置いて
12～24時間硬化を待ちます
（硬化時間は気温によって異なります）。

⑪ エポキシ樹脂が硬化したら
シリコン型から取り出します。

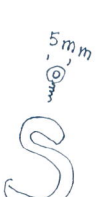

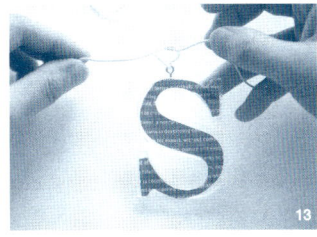

⑫ ねじ式のヒートンの金具を
Sの文字の上部、
真ん中にねじりながらつけます。

⑬ 長さ80～85cmくらいの
革ひもを金具につけて完成。

Shoplist

材料と道具はここで。おすすめのショップ

貴和製作所ラフォーレ原宿店

☎03-5775-4050
東京都渋谷区神宮前 1-11-6 ラフォーレ原宿 3 階
http://www.kiwa-inc.co.jp

東急ハンズ新宿店

☎03-5361-3111
東京都渋谷区千駄ヶ谷 5-24-2
タイムズスクエアビル
http://www.tokyu-hands.co.jp/shinjuku.htm

ユザワヤ蒲田店

☎03-3734-4141
東京都大田区西蒲田 8-4-12
http://www.yuzawaya.co.jp/index.html

文化学園購買部

☎03-3299-2034
東京都渋谷区代々木 3-22-1

アンティークのパーツは

Necklace-necklace shop

☎03-3462-4685
東京都渋谷区神南 1-17-9 川合ビル

紙箱は

シモジマ浅草橋 5 号館

☎03-3863-5501
東京都台東区浅草橋 1-30-10
http://www.shimojima.co.jp

中川清美
1965年熊本生れ。文化服装学院卒業後、
セツ・モードセミナーを経てフリーのイラストレーターに。
現在は、文化服装学院でアクセサリーの講師を務め、
『装苑』をはじめ女性誌を中心に
イラストレーター、アクセサリー作家として活躍中。
本書が初めてのアクセサリー作品集となる。

衣装協力
a little, good garden
http://www.a-little-good-garden.com/

中川清美のアクセサリーノート

2007年3月25日　第1刷発行
2007年5月22日　第2刷発行

著　者　中川清美
発行者　大沼　淳
発行所　文化出版局
　　　　〒151-8524 東京都渋谷区代々木3-22-7
　　　　☎03-3299-2682（編集）☎03-3299-2540（営業）
印刷所　株式会社文化カラー印刷
製本所　大口製本印刷株式会社

ⒸKiyomi Nakagawa 2007
Printed in Japan

お近くに書店がない場合、
読者専用注文センターへ ☎0120-463-464
ホームページ http://books.bunka.ac.jp/

photographs：Yasutomo Ebisu（portrait），
Josui Yasuda（B.P.B./still life）
hair & makeup：Katsuya Kamo（mod's hair）
models：Constantin Bruns，Elena z
styling：Kiyomi Nakagawa
art direction：Takahito Noguchi
（Dynamite Brothers Syndicate）
book design：Sayuri Sugimoto
（Dynamite Brothers Syndicate）
editing：Yukie Sudo（SO-EN editor）
progress：Tamiko Tokuda

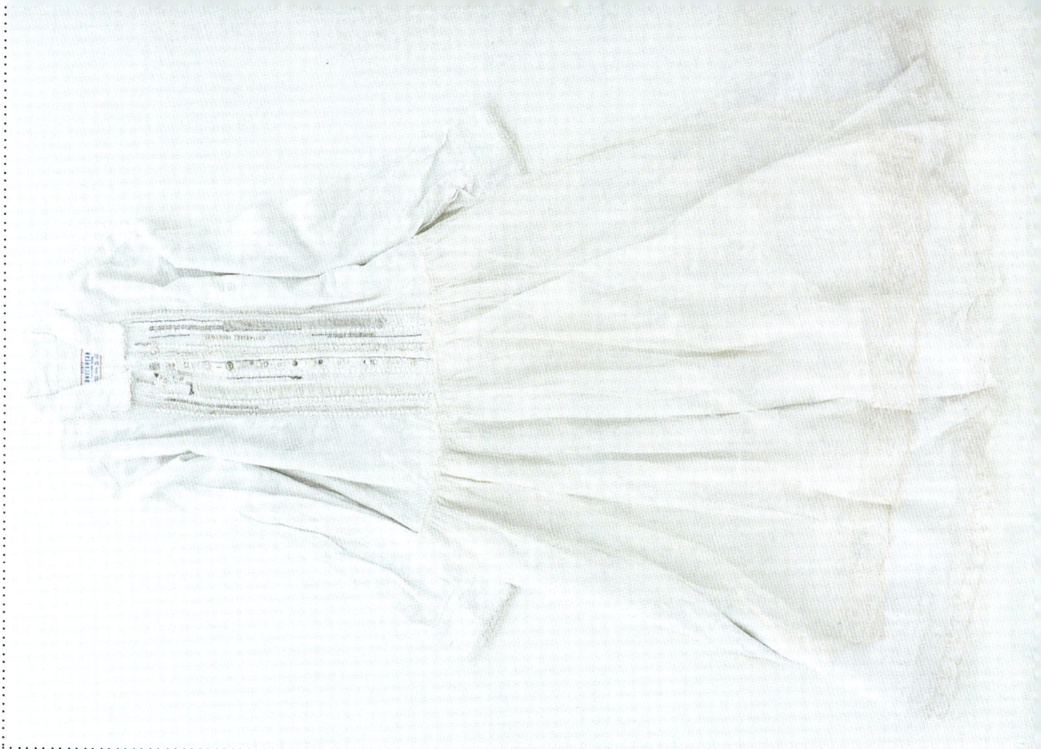

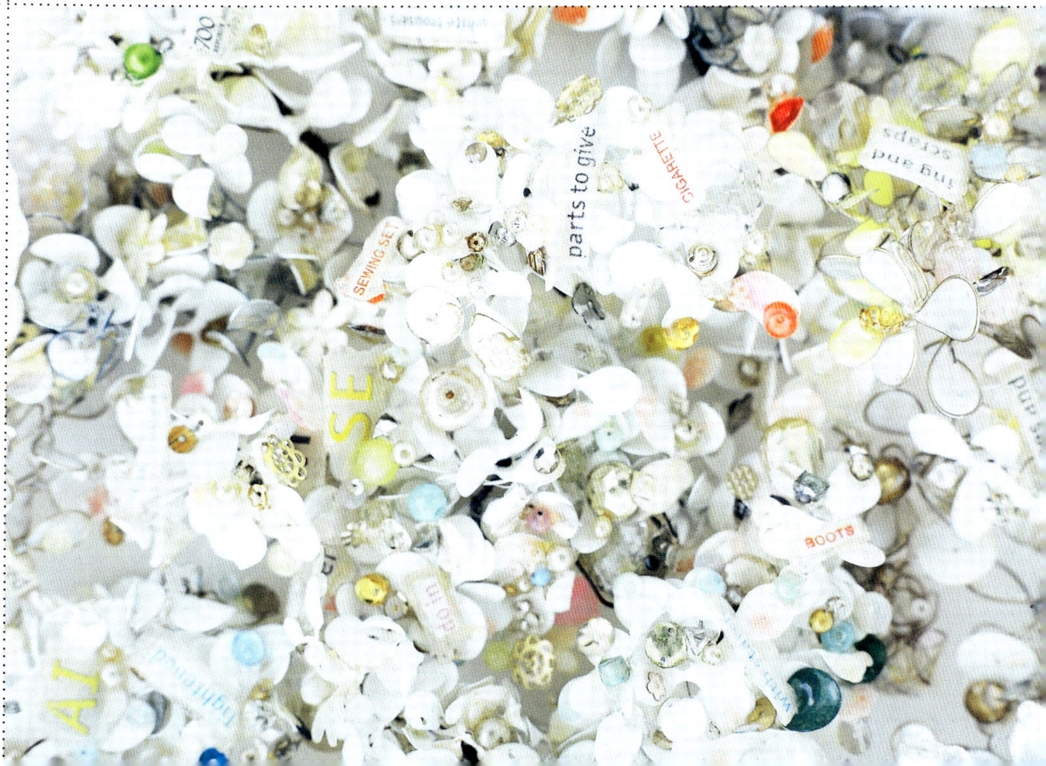
SEWING SET
parts to give
CIGARETTE
ing and
scraps
BOOTS

post card

post card

american flower

Vêtement de femme

blouse

perle

chemisier

paillette

guimpe

robe housse

tee-shirt

guimpe

Chemise

post card

post card

COLLIER

post card

post card

BROCHE

necklace

post card

post card